Durch meine Wertschätzung für die Umwelt, habe ich auf unnötige Seiten für Fotos verzichtet.

Die Anregungen in diesem Buch sind mit großer Sorgfalt erstellt und geprüft worden, es soll dabei helfen und unterstützen Geld zu sparen! Jeder Handelt für sich selbst und muss die Verantwortung für sich selbst übernehmen.

Daher ist eine Haftung durch die Autorin für Personen- Sach- oder Vermögensschäden ausgeschlossen und wird nicht übernommen.

Bettina Bormann

Ein Leben mit Coupons

Jeder kann sparen!

Bibliografische Information der Deutschen Nationalbibliothek:

Die Deutsche Nationalbibliothek verzeichnet diese Publikation in der Deutschen Nationalbibliografie; detaillierte bibliografische Daten sind im Internet über http://dnb.dnb.de abrufbar.

© 2015 Name des Autors/Rechteinhabers **Bettina Bormann**

Illustration: S. Hofschlaeger / pixelio.de

Herstellung und Verlag: BoD – Books on Demand, Norderstedt

ISBN: 9783741240843

Wo bekomme ich Coupons?

Es gibt eine große Anzahl von Möglichkeiten, wo Du Coupons herbekommen kannst, ich werde sie Dir gerne vorstellen:

Hauscoupons

So nennt man Coupons die von einzelnen Geschäften zur Verfügung gestellt werden, sie beinhalten meist eine gefächerte Auswahl von Produkten die in diesem Markt angeboten werden. Sie sind ausschließlich in diesem Geschäft einlösbar und nicht in anderen Geschäften. Auf den Coupons ist das Logo der Märkte aufgedruckt und dadurch erkennt man sofort in welchen Markt sie gehören.

Im Jahr 2016 bieten Kaufland und Marktkauf diese Coupons an.

Zeitungen und Werbung

In vielen Zeitungen und in der Wöchentlichen Werbung sind Coupons zum ausschneiden. ACHTUNG diese Coupons sind meistens auch nur in den Läden einlösbar, von dem die Werbung war!

Zeitungen wie Laviva von REWE/TOOM/Penny oder Gold Star Magazin von Netto haben auch sehr gute Coupon. Bei Rewe gibt es meistens 2 Produkte zum Preis von einem.

Stand 2016

Postwurfsendungen

DU solltest Werbung die in Deinem Briefkasten ist, nicht mehr achtlos wegwerfen, oft gibt es tolle Rabatte.

Z. B. hat Rossmann alle paar Wochen Werbung in denen sich 10 % Rabattcoupons verstecken.

Internet

Foren

Es gibt mittlerweile viele Foren im Internet in denen Coupons getauscht werden können oder wo man über neue Coupons informiert wird.

Auch gibt es dort regen Informationsfluss wo es die besten Angebote der Woche gibt, damit sich Coupons noch mehr lohnen.

Firmenhomepage

Viele Firmen bieten eigene Coupons zum ausdrucken an, oft muss man sich dafür auf der Seite registrieren. Doch dadurch wird man dann auch automatisch über neue Coupons informiert.

Einige Beispiele: Nivea, Bebe, Henkel und Milka.

Clubmitglieder

Firmen, wie McCain haben ein Bonussystem, man kann durch Sammeln von Punkten: Coupons oder Sachgeschenke erhalten.

Durch den Kauf dieser Produkte und Eingabe von Codes auf den Artikeln erhält man Punkte. Diese kann man dann einlösen, ab einer bestimmten Summe.

Online Couponseiten

Coupons werden immer populärer und dadurch gibt es immer mehr Seiten die aktuelle Coupons auf Ihrer Seite bündeln und für alle zugänglich machen.

Beispiel 2016:

Couponplatz.de und schnaeppchenfuchs.com

Im Internet einkaufen

Auch hier kannst du sparen, viele Onlineshops haben eigene Rabattaktionen oder auch auf den Coupons sind oft Online-Codes drauf. So kannst du auch bei Bestellungen im Internet Geld sparen.

Wenn du keinen Code hast, kannst du einfach im Internet nach einem passenden Code suchen. Bei Gutscheinpony.de oder Rabatte.de gibt es immer aktuelle Codes zum einlösen. Ohne das man sich dafür anmelden oder registrieren muss.

Apps

Viele Geschäft haben eine App eingeführt. Dort sind auch einige Coupons verfügbar und bei der Rossmann – App kann man seine Coupons auch einscannen und muss nicht immer seine ganze Couponmappe dabei haben.

Diese App wird an der Kasse gescannt und die Coupons werden automatisch abgebucht und in der App als verwendet gekennzeichnet (Coupons mit dem selben Barcode, können in der Rossmann – App nur einmal verwendet werden).

Es wird im Laufe der Zeit immer mehr und vor allem bessere Apps dieser Art geben, so das man bald keine Coupons in Zettelform mehr benötigt.

Wie kann man am besten sparen?

Am besten ist es, wenn Du auf Angebote wartest. Denn nur dann sparst Du am meisten.

Nur um ein Beispiel zu nennen:

Ich hatte einen 0,50 Euro Coupon für Toilettenpapier, das kostet normal 2,95 Euro. Im Angebot war es für 1,50 Euro. Somit habe ich nur noch 1 Euro pro Packung bezahlt und habe gleich einen Vorrat für 1 Jahr gekauft.

Das klappt auch sehr gut mit anderen Produkten, man muss nur immer das Ablaufdatum der Coupons im Auge haben und jede, wirklich jede Werbung genau durchsuchen. Wenn man nicht alle Werbezettel nach Hause bekommt, im Internet kann man sich die Werbeprospekte auch anschauen.

Besondere Tage

Viele Geschäfte haben besondere Tage für Angebote. Leider muss man dann meistens auch gleich früh vor Ort sein um noch welche zu ergattern.

Das beste Beispiel dafür ist Rossmann 2016

An jedem Mittwoch in der Woche werden Preise von Produkte die aus dem Sortiment genommen werden oder eine neue Verpackung bekommen, drastisch runtergesetzt. Heißt oft 50 %.

Sie sind mit grünen Schildern ausgestattet und nennen sich umgangssprachlich Greenlabel.

Diese Preise sind auch mit anderen Coupons kombinierbar und da Rossmann sogar noch einen Hauseigenen 10 % Coupon rausgibt. Ein echtes SUPERSCHNÄPPCHEN und das Herz eines Couponer`s macht Luftsprünge.

Diese Produkte werden aber vorab nicht veröffentlicht oder bekanntgegeben, es ist also ein Glücksspiel was es gibt und was vielleicht auch schon vergriffen ist.

„Normale" Angebotsprodukte kann man, wenn man ein zuvorkommenden Mitarbeiter im Markt erwischt, auch vorbestellen. Dann kann man das Produkt am vereinbarten Tag abholen und mit den Coupons einlösen.

Ich hatte auch schon oft das Glück, das ich bereits vergriffene Aktionsware noch „nachbestellen" durfte und dadurch noch den Angebotspreis nutzen konnte.

Wenn man immer nett und freundlich bleibt, klappt das eigentlich immer.

Kombinieren

Es gibt ab und zu Coupons die man miteinander kombinieren kann, das kommt aber leider nur sehr sehr selten vor.

Heißt es gibt z. B. einen Coupon für ein Einzelprodukt und zusätzlich noch einen Coupon für z. B. Kaufen sie von Produkt A 2 Stück und sie bekommen Summe X abgezogen.

Und wenn dann Produkt A das selbe ist wie auf dem Einzelcoupon kann man beide Coupons abgeben und hat 2 mal einen Rabatt bekommen.

Bereits runtergesetzte Artikel

In vielen Geschäften gibt es einen Bereich mit runtergesetzten Artikeln, das das Mindesthaltbarkeitsdatum bald abläuft. Leider ist es mittlerweile soweit, das viele Geschäfte bei solchen Artikeln keinen Coupon mehr annehmen.

Aber versuchen kann man es, ich habe bis jetzt die Erfahrung gemacht, das von 10 Produkten eins nicht mit Coupon geht. Doch die Tendenz soll leider im Laufe der Zeit schlechter werden.

Worin bewahre ich meine Coupons auf?

Es gibt eine große Anzahl von Mappen und Ordnern mit Klarsichtfolien, in denen man seine Coupons schön übersichtlich aufbewahren kann. Ich selbst habe einen Ordner der eigentlich für CD´s ist und er eignet sich wunderbar dafür.

Ich finde nur wichtig, das mein Ordner nach Kategorien sortier ist. Vorne ist der Bereich für NonFood, dann Lebensmittel und hinten der Bereich für Tiere.

So kommt man nicht durcheinander und man weiß sofort wo man was findet.

Zu Beachten ist bei JEDEM Coupon:

Wo ist er einlösbar? Die meisten Coupons haben auf der Vorder- oder Rückseite eine Auflistung aller Geschäfte die sie annehmen.

Ablaufdatum. In Deutschland haben so gut wie alle Coupons ein Ablaufdatum

Und vorab ein Hinweis, Geschäfte sind NICHT dazu verpflichtet Coupons anzunehmen. Das ist jedem Geschäftsführer überlassen ob er sie annimmt oder nicht. Leider kann man nicht darauf bestehen, das sie angenommen werden!

Man ist aber nicht dazu verpflichtet, die Artikel die man sich aufgrund des Coupons ausgesucht hat, auch zu kaufen!

Auf vielen Coupons ist vermerkt, das nur ein Coupon pro Einkauf nutzbar ist. Man kann den Einkauf aber auch splitten und in kleine Einkäufe einteilen. So kannst du mehrere Coupons in einem Einkauf einlösen. Es dauert dann länger, aber nur so kann man sparen.

Legal und Illegal

Bei den Coupons aus dem Internet ist es ganz einfach zu erkennen.

Bei Onlinecoupons ist „IMMER" vermerkt, dass sie auch in schwarz/weiß gültig sind!

Bei Coupons die in den Geschäften ausliegen, sieht man es meistens sofort, dort sind alle Daten der Firma genau angegeben und vor allem sind sie bunt und auf dickerem Papier gedruckt.

Aber ich muss auch gleich dazu sagen, das es mit den heutigen Mitteln auch leicht möglich ist, Coupons zu kopieren! Und das ist illegal, wenn man dabei erwischt wird, kann es hohe Strafen und ein Hausverbot geben, darum FINGER WEG!

Andere Möglichkeiten zu sparen

Neben den Coupons habe ich auch noch von allen Geschäften eine Kundenkarte oder nehme an Sammelaktionen teil.

Bei Payback zum Beispiel kann man seine gesammelten Punkte auch in Einkaufsgutscheine eintauschen. Das der Einkauf nach den Abzügen durch die Coupons oft zu 100 % umsonst war.

Auch beim tanken gibt es bei den einzelnen Anbietern Aktionen und Sammelmöglichkeiten.

Und auch wenn man die Sammelaktionen nicht selbst einlösen möchte, man findet bestimmt Jemanden mit dem man tauschen kann, so das Jeder das bekommt, was er gerne möchte.

Geld zurück Testaktionen

Bei der Einführung neuer Produkte ist es schon fast normal geworden, das Firmen eine gewisse Zeitlang, durch Geld zurück Aktionen auf sich aufmerksam machen. Oft läuft es wie folgt ab: Man kauf das Produkt, meistens ist nur ein Produkt pro Haushalt erlaubt und schickt danach den Bon an die Firma zurück (meistens online) und erhält den Betrag auf dein Bankkonto zurück erstattet. Bei einigen muss man noch kurz dazu scheiben ob einem das Produkt gefallen hat oder nicht und das war es auch schon.

Es ist ein bisschen Arbeit, aber dafür hat man ein Gratisprodukt.

Wichtig dabei ist es immer, schon im Geschäft darauf zu achten, wie lange die Aktion läuft, denn oft gibt es danach auch noch Aktionspackungen zu kaufen!

Die Schattenseite mit Coupons

Auch wenn ich es nicht gerne zugebe, aber man muss sich ein dickes Fell wachsen lasse und vielen überhören.

Leider hatte ich, wie viele andere auch, schon einige negative Erlebnisse.

Hier ein paar Beispiele:

Ein Mitarbeiter einer großen Drogeriekette räumte meinen Einkaufswagen wieder aus und sagte mir ich könnte das alles nicht kaufen!

Eine Kassenmitarbeiterin reißt mir meine Coupons aus der Hand, redet nicht mit mir und ruft nur Ihre Chefin an: Die mit den Coupons ist wieder da, darf ich die Coupons einlösen? (bis auf den Gesamtbetrag, nach den Coupons, sagte sie kein Wort zu mir!)

Unfreundliche Kommentare von „Einkäufern" hinter mir an der Kasse. Da sie 1 Minute länger warten mussten, da die Coupons noch eingescannt werden mussten.

Man muss einfach immer freundlich bleiben und lächeln, auch wenn es mir ab und zu wirklich schwer fällt. Ich gebe den Kassenmitarbeitern ab und zu ein paar Coupons.

Dadurch haben sie einen Bezug dazu und sehen nicht nur Mehrarbeit auf sie zukommen.